少林武术精粹系列丛书

少林剑术（二）

德虔　德炎　编著

北京体育大学出版社

责任编辑：孙运娟
责任校对：曹晓燕
版式设计：李 鹤

图书在版编目（CIP）数据

少林剑术. 二 / 德虔, 德炎编著. -- 北京 : 北京体育大学出版社, 2022.1
（少林武术精粹系列丛书）
ISBN 978-7-5644-3589-9

Ⅰ. ①少… Ⅱ. ①德… ②德… Ⅲ. ①少林武术－剑术(武术)－套路(武术) Ⅳ. ①G852.24

中国版本图书馆CIP数据核字(2022)第007634号

少林剑术（二）
SHAOLIN JIANSHU(ER)　　　　德虔　德炎　编著

出版发行：北京体育大学出版社
地　　址：北京海淀区农大南路1号院2号楼2层办公B-212
邮　　编：100084
网　　址：http://cbs.bsu.edu.cn
发 行 部：010-62989320
邮 购 部：北京体育大学出版社读者服务部 010-62989432
印　　刷：北京昌联印刷有限公司
开　　本：880mm × 1230mm　　1/32
成品尺寸：148mm × 210mm
印　　张：1.75
字　　数：35千字
版　　次：2022年1月第1版
印　　次：2022年1月第1次印刷
定　　价：10.00元

前 言

武术作为中国的国粹，是中华民族传统文化的组成部分。家喻户晓的少林武术便是其中极具代表性的门类，是中国武术的重要象征。

我社与少林武术结缘已久，伴随着时光的流逝，有多种内容、多样组合、各种形式的载有少林武术的出版物，源源不断地从我社注入市场，为方兴未艾的少林武术热潮平添了更高的热度。可以说，少林武术图书一直与我社相伴相随，成为我社具有长期出版价值的图书门类。其中，少林武术图书的编纂者——已故的王长青（法号释德虔）先生功不可没。他经年累月锲而不舍，寻于寺院、觅于乡间，挖掘出大量尘封的少林武术资料，继而分门别类梳理、整饬成一册册书稿，并与我社携手努力，打造出独树一帜的武术图书板块，为我社的武术图书出版打开了新局面。

今天，在着力弘扬中华优秀传统文化，树立和增强文化自信的大背景下，我社将以往出版的少林武术书籍重新进行了编排，以全新的面貌推出“少林武术精粹系列丛书”，这是我社多年来少林武术出版情结的延续，是对积累和沉淀的少林武术资源的再一次整合与展示，更紧密契合了时代的要求。

通过这套书，读者可以研习刚柔相济、闪转腾挪的少林功夫，可以感悟其中凝结的中华智慧，可以领略武术文化的博大精深……这便是我社对这套书出版价值的期待。

目 录

少林八仙剑

动作名称

预备势
1. 老僧弹尘
2. 怀中抱月
3. 弓步推剑
4. 转身出剑
5. 力劈华山
6. 小魁星势
7. 上步点剑
8. 挺身展翼
9. 上步挑剑
10. 怀中抱月
11. 白蛇吐信
12. 雄鹰展翅
13. 八仙过海
14. 狼箭欲射
15. 挽花穿剑
16. 燕子扑灯
17. 转身刺剑
18. 大魁星势
19. 老虎出洞
20. 夜叉探海
21. 侠客背剑
22. 古树盘根
23. 独立刺剑
24. 大魁星势
25. 拨草寻蛇
26. 青龙探珠
27. 仙人指路
28. 举臂后刺
29. 朝天一炷香
30. 仰首后刺
31. 独立刺剑
32. 跳步魁星
33. 弓步刺剑
34. 独立架剑
35. 转身交剑
36. 苏秦背剑
收　势

动作图解

预备势

两脚成八字并立，左手握剑，背于臂后，剑锋向上，右手剑指下垂于右腿外侧，身体挺直，目视前方。（图 1）

1. 老僧弹尘

左脚向前上半步，成左虚步，左手握剑向前往外画弧，然后剑背于臂后，剑锋向上，右手剑指向上架于头上右侧，拇指一侧向前，目视左侧（图 2）；上动不停，抬右脚向右侧跳一步，右腿全蹲，左腿伸直成左仆步，同时两手由外向内画弧护于胸前，目视剑锋（图 3）；上动不停，起身，收左脚成虚步，两腿微屈，左手持剑在起身时向外画弧，然后挽花背于左臂后，剑锋向上，右手剑指随身向上推出，拇指一侧向前，目视左侧（图 4）。

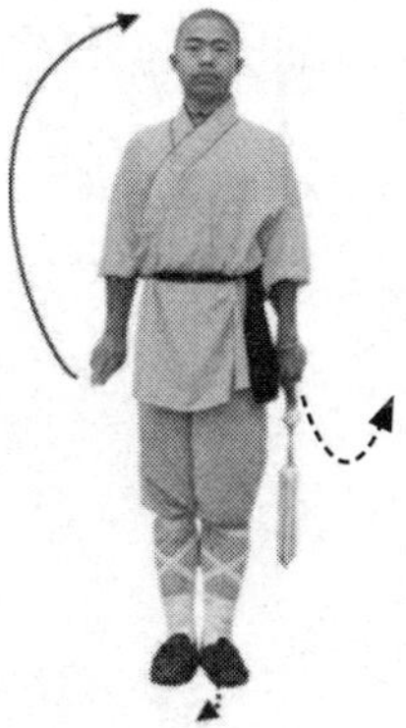

图 1

图 2

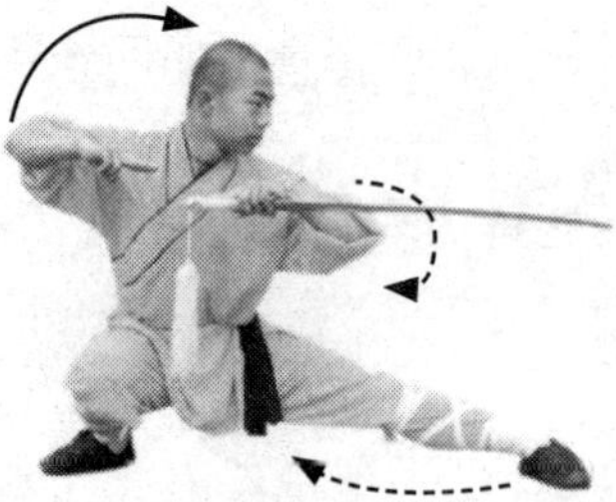

图 3

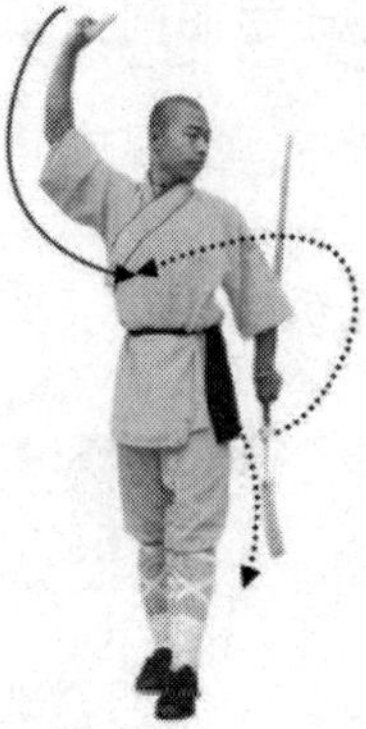

图 4

2. 怀中抱月

右脚踏实，抬左腿向前提膝，右腿半蹲，左手持剑与右手剑指同时由外向内画弧，右手剑指接近左手腕，剑锋向上，目视左侧。（图5）

3. 弓步推剑

左脚向左落一步，两脚踬地，身体左转 90 度，两腿成左弓步，同时左手持剑向前直推，剑锋向前，右手向前抓住剑柄，目视剑锋。（图6）

图 5

图 6

4. 转身出剑

身体右转 180 度，左手持剑随身体右转，当身体右转至 90 度时，右手向上抓握剑柄，转身后左手松把，右手握住剑把，目视剑锋。（图 7）

5. 力劈华山

抬两脚向前跳一步，左腿提膝，右手持剑由上向前下方斜劈，剑锋斜向下，左手剑指向外向上画弧，上架于头上左侧，目视剑锋。（图 8）

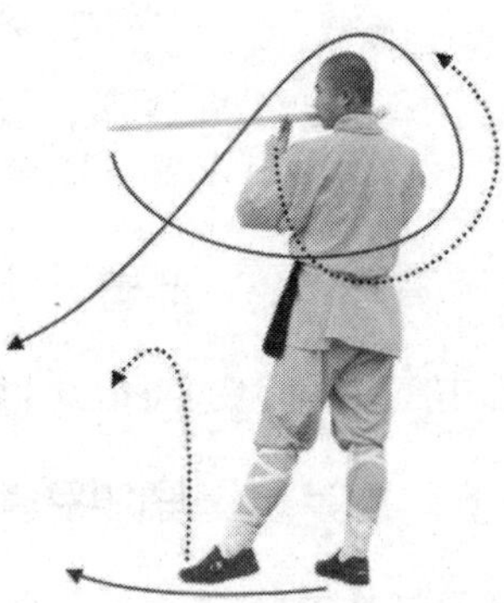

图 7

图 8

6. 小魁星势

左脚向前落成左虚步，两腿微蹲，同时右手持剑向左云旋，上架于头上，剑锋向前，左手剑指向前推出，拇指一侧向右，目视左手剑指。（图 9）

7. 上步点剑

左脚踏实，右脚向前上一步，两腿成右弓步，同时右手持剑由上向下沉腕垂剑，剑锋斜向下，左手剑指收回，屈肘护于右手腕内侧，拇指一侧向内，目视剑锋。（图 10）

图 9

图 10

8. 挺身展翼

右手持剑向左挽撩，抬左脚向前踮跳一步，左腿屈膝，右腿伸直成右仆步，右手持剑返上下劈，然后仰腕竖剑（图 11）；上动不停，起身，收右脚与左脚成并步，右手持剑与左手剑指同时由胸前向两侧展出，剑锋向右，左手剑指斜向上，拇指一侧向前，目视剑锋（图 12）。

图 11

图 12

9. 上步挑剑

抬左脚向前上一步，再抬右脚向前上一步，同时右手持剑向左挽旋，然后向胸前抖腕挑剑，剑锋向上，左手剑指向内向前附于右手腕内侧，拇指一侧向上，目视剑身。（图 13）

10. 怀中抱月

左脚上前一步，右腿提膝，同时右手持剑与左手剑指由外向内护于胸前，剑锋向上，剑指的拇指一侧向内，目视前方。（图 14）

图 13

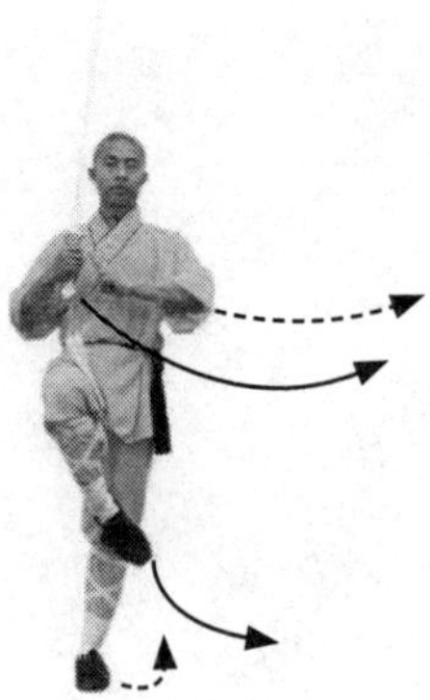

图 14

11. 白蛇吐信

右脚向左落一步，身体向左转，抬左腿向后翘起，上身前俯，头略仰起，同时左手剑指扶右手持剑向前平直刺出，剑锋向前，目视剑锋。（图 15）

图 15

12. 雄鹰展翅

左腿屈膝下沉，右手持剑由前向后绕身右侧，回锋抖剑，剑锋向上，同时左手剑指向左，屈肘亮指，拇指一侧向上，目视剑

指。（图16）

图 16

13. 八仙过海

左脚向前落一步，两腿成左弓步，同时右手持剑由左向右穿剑，然后向前下方斜刺，左手剑指向后上方摆出，拇指一侧向上，上体向前倾探，目视剑锋。（图 17）

14. 狼箭欲射

两脚蹍地，身体右转 270 度，两腿成叉步，同时右手持剑向右回锋穿剑，然后右臂上举屈肘悬剑，使剑柄靠近左耳部，剑锋向右，左手剑指随身向右，举臂亮指，拇指一侧向下，目视右侧。（图 18）

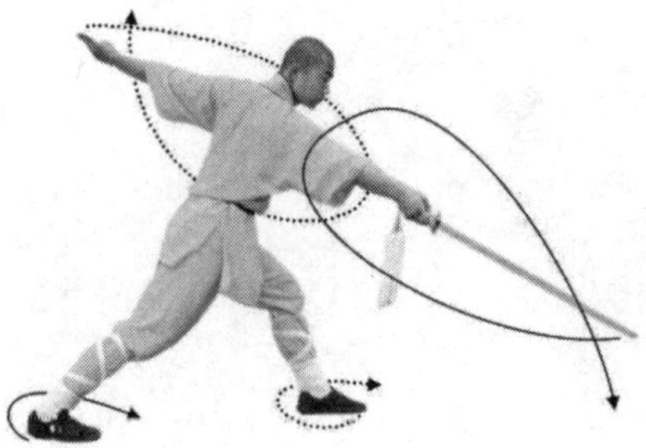

图 17

图 18

15. 挽花穿剑

左脚向前半步，成左虚步，同时右手持剑由前向左穿剑，然后举臂沉锋，左手剑指向后垂臂亮指，目视剑指（图 19）；上动不停，抬右脚向前上一步，成右弓步，同时右手持剑向右穿，然后回锋后刺，左手剑指架于头上左侧，目视剑锋（图 20）。

图 19

图 20

16. 燕子扑灯

抬左脚向前上一步，身体右转180度，两腿全蹲成歇步，同时右手持剑与左手剑指由胸前向两侧展出，剑锋向右下方，剑指向左上方，目视剑锋。（图21）

图 21

17. 转身刺剑

起身，抬右脚向右移一步，两脚踉地，身体右转 90 度，右腿屈膝成右弓步，同时右手持剑向左穿剑，然后回锋前击，剑锋向前，左手剑指由内向外摆出，拇指一侧向外，目视剑锋。（图 22）

18. 大魁星势

左脚向前上一小步，成左虚步，同时右手持剑向左穿刺，再绕头云剑，然后架于头上，剑锋向前，左手剑指向前推出，拇指一侧向右，目视剑指。（图 23）

图 22

图 23

19. 老虎出洞

左脚向前踮跳一步，落于右脚前，成左弓步，同时右手持剑由右向左穿刺，然后推柄卧剑，目视左后方（图 24）；上动不停，右脚向前上一步，两腿成右弓步，同时右手持剑向前撩，然后绕头向前上方挑刺，左手剑指上架于头上左侧，目视剑锋（图 25）。

图 24

图 25

20. 夜叉探海

抬左脚向前上一步，两脚踬地，身体右转180度，抬左腿向后翘起，同时右手持剑挽花，然后随身向左前下方刺，左手剑指向上，展臂撩出，目视剑锋。（图26）

21. 侠客背剑

左脚向左落一步，两脚踬地，身体左转90度，右手持剑挽花，然后绕头背剑，剑锋向下，左手剑指由外向内，屈肘亮指，目视前方。（图27）

图26

图27

22. 古树盘根

两脚踬地，身体右转180度，两腿叉步全蹲成歇步，在转身的同时，右手持剑由后向左绕头云剑，然后向右横刺，剑锋向右，左手剑指由左向右上方画弧，然后架于头上左侧，目视剑锋。（图28）

23. 独立刺剑

起身，右脚向右迈一步，身体右转 90 度，抬左脚向前上一步，身体再右转 90 度，在转身的同时，左手扶右手持剑向前推出，目视两手（图 29）；上动不停，两脚踬地，身体右转 90 度，左腿提膝，右手持剑由前绕头向右下方斜刺，左手剑指由外向内向上画弧，架于头上左侧，拇指一侧向下，目视剑锋（图 30）。

24. 大魁星势

左脚向左落一步，身体右转 90 度，左脚成虚步，同时右手持剑随身绕头云旋，然后横架于头上，剑锋向前，左手剑指向前推出，日视剑指。（图 31）

图 28

图 29

图 30

图 31

25. 拨草寻蛇

左脚踏实，右脚上前一步，成右虚步，同时左手扶右手握剑向左右拨扫，目视剑锋。（图 32）

26. 青龙探珠

左脚上前一步，成左弓步，同时右手持剑挽顺花，向前下方斜刺，左手剑指由内向外，展臂撩出，拇指一侧向上，目视剑锋。（图 33）

图 32

图 33

27. 仙人指路

两脚踴地，身体右转 180 度，收右脚成虚步，两腿半蹲，同时右手持剑挽逆花，然后随身向前直击，剑锋向前，左手剑指随身架于头上左侧，目视剑锋。（图 34）

28. 举臂后刺

抬两脚向前跳一步，左脚落于右脚前，两腿成左弓步，同时右手持剑挽逆花，然后上撩，左手扶右手握剑举臂后刺，剑锋向后，目视前方。（图 35）

图 34

图 35

29. 朝天一炷香

左脚后退一步，两脚踴地，身体右转180度，右腿提膝，同时右手持剑由后向前劈，然后向前推臂竖剑，剑锋向上，目视剑身。（图36）

30. 仰首后刺

右脚向前落一步，双手持剑挽逆花，然后仰头后刺，剑锋向后上方。（图 37）

图 36

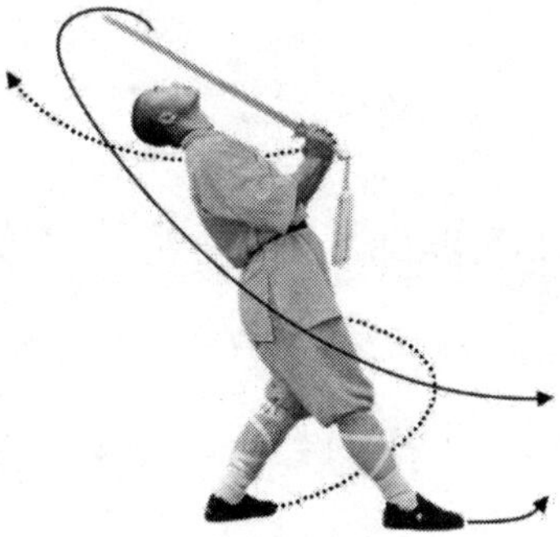

图 37

31. 独立刺剑

两脚向前跳一步，右脚落于左脚前，然后抬左脚向后弹蹬，同时右手持剑挽逆花，向右穿剑，然后向右下方斜刺，左手剑指向左，展臂撩出，拇指一侧向上，身体向右侧倾探，目视剑锋。（图 38）

32. 跳步魁星

左脚不落地，抬右脚向前跳一步，左脚落于右脚前，身体右转 180 度，同时右手持剑向右穿剑，然后绕头云旋，再架于头上，剑锋向左，左手剑指斜向上，目视剑指。（图 39）

图 38

图 39

33. 弓步刺剑

左脚踏实，两脚踝地，身体向右微转，两腿成右弓步，同时右手持剑挽花，然后随身向前直击，剑锋向前，左手向后，展臂撩出，剑指向上，目视剑锋。（图 40）

34. 独立架剑

右脚不动，抬左腿向前提膝，同时右手向右穿剑，然后回锋转身架剑，剑锋向前，左手剑指向前指，目视剑指。（图 41）

图 40

图 41

35. 转身交剑

左脚向后落一步，两脚踬地，身体左转 90 度，右手持剑左穿，然后云剑沉锋，左臂上举抓住剑柄，目视前方。（图 42）

36. 苏秦背剑

右脚向前上半步，抬左脚落于右脚前，成左虚步，同时右手脱把，由上向下画弧变成剑指，亮于胸前，左手持剑由上向外向下画弧，垂臂背剑，剑锋向上，目视左侧。（图 43）

收　势

左脚向左移半步，收右脚与左脚成并步，同时两臂由内向外向上画弧，然后垂臂，右手剑指垂于右大腿外侧，左手持剑背于左臂后，剑锋向上，身体挺直，目视前方。（图 44）

图 42

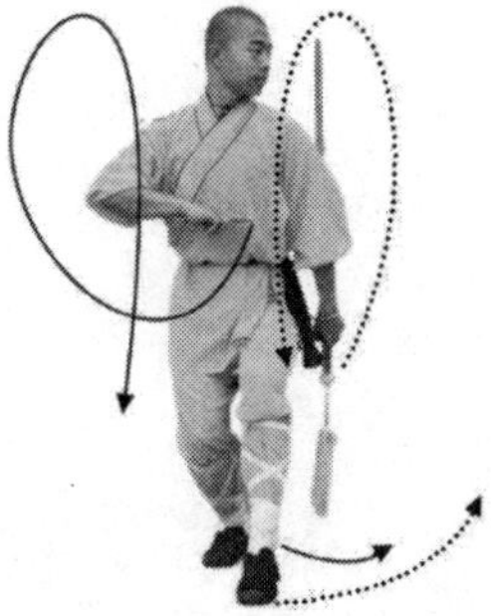
图 43

图 44

少林火龙剑

动作名称

预备势
1. 大帅观阵
2. 金鸡独立
3. 转身接剑
4. 剑通鸿门
5. 火龙行空
6. 钟馗劈门
7. 云镖飞剑
8. 大鹏展翅
9. 火龙探珠
10. 夜叉探海
11. 虚步挑剑
12. 横江飞渡
13. 白蛇吐信
14. 雁落沙滩
15. 仙人指路
16. 猴摘仙桃
17. 大鹏展翅
18. 火龙沉尾
19. 老鹰扑燕
20. 仆地视锦
21. 金鸡独立
22. 猴探仙庭
23. 火龙翘尾
24. 跳步魁星
25. 盘坐莲花
26. 剑开天河
27. 火神分金
28. 白鹤亮翅
29. 青龙探珠
30. 夜叉探海
31. 剑通鸿门
32. 猴摘仙桃
33. 乌云遮天
34. 青龙探珠
35. 火神分金
36. 金鸡独立
37. 织女穿梭
38. 野马上槽
39. 龙进海宫
40. 剑通鸿门
41. 金鸡独立
42. 火龙探珠
43. 银龙入云
44. 红云罩顶
45. 将军举旗
46. 白鹤亮翅
47. 旋风卷天
48. 龙进海宫
49. 飞镖直入
50. 野马上槽
51. 跳步魁星
52. 倒转旋风
53. 火龙腾空
54. 白鹤亮翅
55. 白猿攀枝
56. 剑通鸿门
57. 燕子取水
58. 龙闭宫门
59. 鹞子钻林
60. 苏秦裹剑
61. 金鸡独立
62. 云顶接剑
收　势

动作图解

预备势

两脚并立，脚尖微开成小八字，左手握剑，背于臂后，右臂下垂，右手成剑指，附于大腿外侧，身体挺直，目视前方。（图 1）

1. 大帅观阵

右脚不动，左脚向前成虚步，两腿微蹲，左手握剑与右手剑指同时由下向上在胸前画弧，然后左手持剑向外画弧，垂臂沉剑柄，背于左臂后，右手成剑指上架于头上前方，目视左侧。（图 2）

2. 金鸡独立

左脚向左跨一步，两脚踉地，身体左转 90 度，抬右腿向前提膝，左手握剑，右手扶柄向前送把，目视两手。（图 3）

图 1

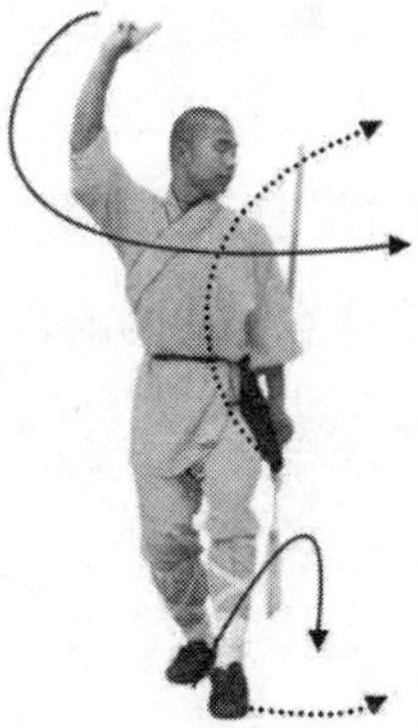
图 2

图 3

3. 转身接剑

右脚向后落一步，两脚踉地，身体右转 90 度，左腿提膝，同时

左手持剑由下向上、由左向右云旋，右手由右向上抓握剑柄，目视右侧。（图4）

4. 剑通鸿门

左脚向左落一步，两脚踉地，身体左转90度，两腿成左弓步，同时左手脱把，右手握剑，绕头挽花，然后向前直刺，左手剑指随身护于右前臂内侧，拇指一侧向内，目视剑锋。（图5）

图4

图5

5. 火龙行空

抬两脚向前箭跳一步，右脚落于左脚前，同时右手持剑翻上挽花，然后向前上方刺，剑锋向上，左手剑指由内向外，甩于身后，拇指一侧向内，目视剑锋。（图6）

6. 钟馗劈门

两脚踉地，身体右转90度，两腿成叉步，同时右手持剑随身由左向右侧劈剑，左手剑指向上，展臂屈肘亮指，拇指一侧向外，目视

剑锋。（图 7）

图 6

图 7

7. 云镖飞剑

右脚向右移一步，两脚蹍地，身体右转 135 度，两腿成叉步，同时右手持剑左右挽花、沉剑，再返上架剑，剑锋向左，左臂屈肘，左手剑指向右护于胸前，拇指一侧向外，目视剑锋。（图 8）

8. 大鹏展翅

两脚蹍地，身体左转 135 度，右手持剑由上向右往前穿剑，然后左腿提膝，向右侧斜上撩剑，剑锋向右，左手剑指由下向外再向上画弧，上架于头上左侧，目视剑锋。（图 9）

图 8

图 9

9. 火龙探珠

左脚落于右脚前，抬右脚向前上一步，两脚蹍地，身体左转 90 度，收右脚为右虚步，同时向左穿剑，然后向右下方崩剑（图 10）；上动不停，两脚蹍地，身体右转 90 度，右脚向右蹬踢，落地后，两腿微蹲，成右虚步，同时右手持剑随身向右前下方刺，剑锋向下，左手剑指由内向外展臂亮指，拇指一侧向上，目视剑锋（图 11）。

图 10

图 11

10. 夜叉探海

右脚落地，两脚踝地，身体左转 90 度，两腿成左弓步，同时右手持剑挽逆花，由上向前下方刺，剑锋向下，左手剑指由前向后上方撩出，拇指一侧向外，上体稍向前探，目视剑锋。（图 12）

11. 虚步挑剑

左脚不动，右脚向前半步，成右虚步，两腿微蹲，同时右手持剑挽逆花，左手扶剑由下向上挑，剑锋向上，目视剑锋。（图 13）

图 12

图 13

12. 横江飞渡

两腿向前跳，右脚落于左脚前，两腿成右弓步，同时右手持剑挽花，然后随身向前直刺，左手剑指由前向后展臂撩出，拇指一侧向外，目视剑锋。（图 14）

13. 白蛇吐信

左脚向前上一步，震右脚，两脚成并步，两腿半蹲，同时右手持剑左右挽花，然后左手扶柄向前猛刺，剑锋向前，目视剑锋。（图 15）

图 14

图 15

14. 雁落沙滩

两脚向前箭跳一步，右脚落于左脚前，两脚踾地，身体右转 90 度，同时右手持剑向左右穿，然后两腿全蹲成歇步，右手展臂抖剑，左手剑指向左，举臂屈肘亮指，目视右侧。（图 16）

15. 仙人指路

起身，右脚向右跨一步，两脚踾地，身体右转 90 度，收右脚成虚步，两腿微蹲，同时右手持剑向前直刺，左手剑指由内向外向上画弧，然后上架于头上左侧，目视剑锋。（图 17）

图 16

图 17

16. 猴摘仙桃

右脚踏实，两脚踝地，身体左转 90 度，右脚移于左脚前，同时右手持剑挽顺花，然后向左穿剑，再向前屈肘推剑，左手剑指扶剑体上部，目视前方（图 18）；上动不停，两腿向右转身跳一步，右脚落于左脚前，成右弓步，同时右手持剑挽花，然后左手扶右手握剑向前上方斜刺，剑锋斜向上，目视剑锋（图 19）。

图 18

图 19

17. 大鹏展翅

抬左脚向前踮跳一步，右脚落于左脚前，再抬左腿提膝，同时左手离把，右手持剑挽逆花，然后抖臂劈剑，左手剑指由内向外再向上画弧，上架于左上方，目视右手。（图 20）

18. 火龙沉尾

左脚落于右脚前一步，两腿成左弓步，同时右手向左穿剑，再向右穿剑，然后向左侧后斜劈，左手剑指护于右手腕部（图 21）；上动不停，右脚上前一步，两脚蹍地，身体右转 90 度，两腿成叉步，同时右手持剑挽顺花，随身向后下方猛刺，左手剑指由左向右，屈肘护于胸前，拇指一侧向上，目视剑锋（图 22）。

19. 老鹰扑燕

两脚蹍地，身体左转 180 度，两腿成左弓步，同时右手向左穿剑，再向右穿剑，然后挽逆半花，随着转身向前上方刺，左手剑指由内向外画弧，然后举臂屈肘亮指，拇指一侧向前，目视剑锋。（图 23）

图 20

图 21

图 22

图 23

20. 仆地视锦

两脚踬地，身体左转 90 度，两腿下蹲成歇步，同时右手持剑挽顺花，然后随身向前下方撩扫，左手剑指向后上方斜撩，拇指一侧向上，目视剑锋。（图 24）

21. 金鸡独立

起身，左腿提膝，同时右手持剑左右挽花，然后向前刺剑，左手剑指由外向内护于右臂内侧，拇指一侧向内，目视剑锋。（图 25）

图 24

图 25

22. 猴探仙庭

左脚向前落一步，两脚蹍地，身体右转 180 度，同时右手持剑挽逆花，然后向右上方展臂撩剑，左手剑指由外向内，屈肘护于右肩前，拇指一侧向内，目视剑锋。（图 26）

23. 火龙翘尾

两脚蹍地，身体左转 90 度，右脚向前上一步，左脚向后翘起，同时右手向左向右穿剑，然后随身斜臂抖剑，剑锋向上，左手剑指由内向前上架于左上方，目视右侧。（图 27）

图 26

图 27

24. 跳步魁星

右脚前跳一步，左脚落于右脚前成虚步，两腿半蹲，同时右手持剑向左穿，然后挽逆半花，再上架于头上，剑锋向前，左手剑指向前撩出，目视剑指。（图 28）

25. 盘坐莲花

左脚踏实，右手持剑向前点刺，然后抬右脚向前上一步，身体右转 90 度，两腿屈膝全蹲成歇步，同时右手持剑挽逆花，随身势屈肘，使剑斜卧怀中，剑锋斜向上，左手剑指由外向内，屈肘护于剑盘前，目视剑锋。（图 29）

图 28

图 29

26. 剑开天河

起身，抬两脚向右横跳一步，两脚踉地，身体右转 90 度，两腿成右弓步，同时右手持剑挽顺花，然后向前斜刺，剑锋斜向上，左手剑指向后，展臂亮指，目视剑锋。（图 30）

27. 火神分金

左脚向前上一步，同时右手持剑向左穿剑，然后倒锋向前下方劈剑，左手剑指向前护于右前臂内侧，拇指一侧向上，上体向前微倾，目视剑锋。（图 31）

28. 白鹤亮翅

右脚向前上一步，两脚蹍地，身体左转 90 度，两腿成马步，同时右手向右向左穿剑，然后两臂侧展，再持剑向上抖腕，剑锋斜向上，左手剑指拇指一侧向前，目视前方。（图 32）

29. 青龙探珠

两脚蹍地，身体左转 90 度，右脚向前上一步，两腿成右弓步，同时右手持剑连续挽花，然后随身向前向上刺，左手剑指由内向外画弧，上架于头上左侧，拇指一侧向下，目视剑锋。（图 33）

图 30

图 31

图 32

图 33

30. 夜叉探海

两脚前跳一步，左脚落于右脚前，两腿成左弓步，同时右手持剑绕头云旋，再向前抹，然后挽半花，向前下方刺，剑锋向下，左手剑指由前向后，展臂撩出，拇指一侧向上，目视剑锋。（图34）

31. 剑通鸿门

右脚向前上一步，两腿成右弓步，同时右手向左穿剑，再向右穿剑，然后挽顺大花，向前直击，剑锋向前，左臂屈肘，左手剑指护于右前臂内侧，拇指一侧向内，目视剑锋。（图35）

图34

图35

32. 猴摘仙桃

左脚上前一步，两腿成左弓步，同时右手持剑挽逆花，再挽顺花，然后向前上方斜刺，剑锋向上，左手剑指由外向内护于右上臂内侧，拇指一侧向右，目视剑锋。（图36）

图 36

33. 乌云遮天

双脚向前踮跳一步，左脚落于右脚前，两腿成坐势，同时右手持剑在头上方顺时针大旋一周半（图 37）；上动不停，右脚向前上一步，然后再抬右腿向后屈翘，同时右手向前点剑，然后身体左转 180 度，右手持剑绕头云旋半圈，剑锋向后，左手剑指由前向左撩，目视剑指（图 38）。

图 37

图 38

34. 青龙探珠

右脚向前落一步，两腿成右弓步，同时右手持剑由头上向后下方劈，再向前挽顺花，向前上方直击，剑锋向上，左手剑指护于右前臂内侧，目视剑锋。（图 39）

35. 火神分金

左脚向前上一步，两腿屈膝，左脚跟抬起，成虚步，同时右手向左右连续穿剑，然后截剑向前下方刺，剑锋斜向下，左臂屈肘，左手剑指护于右前臂内侧，拇指一侧向内，目视剑锋。（图 40）

图 39

图 40

36. 金鸡独立

右脚向前上一步，抬腿提膝，同时右手顺逆绞剑，然后挑剑，缩柄，抱于怀中，剑锋斜向上，左手剑指由内向外画弧，上架于头上左侧，拇指一侧向前，目视右侧。（图 41）

37. 织女穿梭

右脚向右落一步，两脚踝地，身体左转 90 度，两腿屈膝，成马步，同时右手持剑挽逆花，再挽顺花，然后由右向左横斩，左臂屈肘，左手剑指护于左胸前，拇指一侧向内，目视剑锋。（图 42）

图 41

图 42

38. 野马上槽

两脚踝地，身体左转 90 度，抬右脚向前弹踢，同时右手向右后方穿剑，然后挽大花，再向前刺剑，左臂屈肘，左手剑指护于右前臂内侧，拇指一侧向内，目视剑锋。（图 43）

39. 龙进海宫

右脚落于左脚前一步，向左穿剑，左脚向前上一步，向右穿剑，然后左腿屈膝全蹲，右腿向前仆地蹬直，同时右手向前立剑，剑锋直向上，左手剑指向后撩，拇指一侧向外，目视右手。（图 44）

图 43

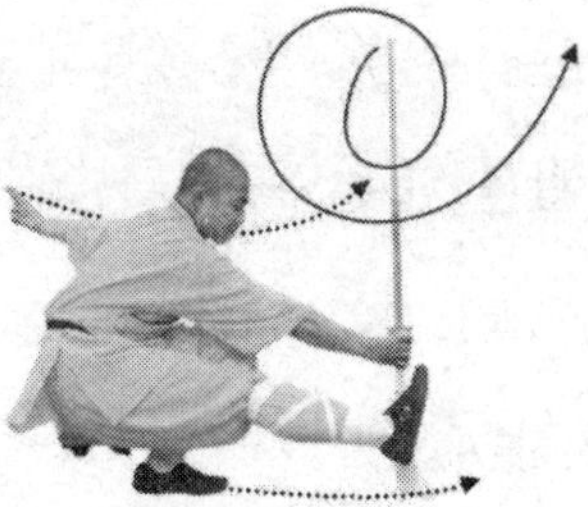

图 44

40. 剑通鸿门

起身，左脚向前上一步，两腿成左弓步，同时右手持剑挽逆花，然后向前直击，左臂屈肘，左手剑指护于右手腕内侧，拇指一侧向内，目视剑锋。（图 45）

41. 金鸡独立

右脚向前上一步，两脚踢地，身体左转 90 度，右腿提膝，同时右手持剑挽逆花，然后剑收怀中，剑锋斜向右上方，左手剑指由下向上架于头上左侧，拇指一侧向下，目视右侧。（图 46）

图 45

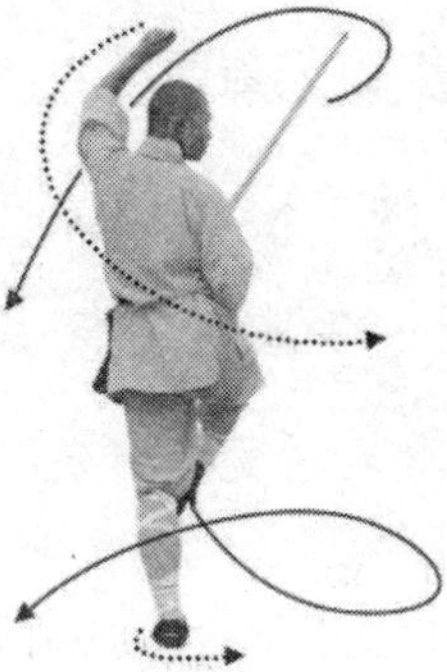

图 46

42. 火龙探珠

右脚向右落一步，右手持剑向右穿刺，抬左脚落于右脚后，身体左转90度，向左穿剑，然后抬右脚向前蹬踢，剑随身势向前下方刺，左手剑指由上向前向后撩，目视剑锋。（图47）

43. 银龙入云

右脚落地，抬左脚向前上一步，两腿成左弓步，同时右手持剑挽顺花，左手剑指扶剑向前上方刺，上体尽量向前倾探，目视剑锋。（图48）

图 47

图 48

44. 红云罩顶

右脚向前上一步，两脚踉地，身体左转90度，同时左手剑指离把，右手持剑左右挽花，然后右臂上举，剑体横架于头前上方，剑锋向左，左手剑指由左向右，展臂亮指，拇指一侧向内，目视左侧。（图49）

45. 将军举旗

两脚踮地，身体右转 90 度，两脚向前跳一步，成右弓步，同时右手持剑挽逆花，向前上方斜刺，左手剑指向后，展臂撩出，目视剑锋。（图 50）

图 49

图 50

46. 白鹤亮翅

左脚不动，右腿提膝，同时右手持剑挽顺大花，然后向外举臂架剑，左手剑指随身向前，屈肘亮于胸前，拇指一侧向内，目视前方（图51）；上动不停，右手向左侧穿剑，左脚向前落一步，再向左穿剑，然后抬右脚向前上一步，身体向右转，两腿成叉步，两臂侧平展，右手持剑直锋向上，左手剑指拇指一侧向右，目视右侧（图52）。

图 51

图 52

47. 旋风卷天

两脚踬地，身体左转 180 度，收左脚成虚步，两腿微蹲，同时右手持剑回锋右穿，再向左穿，然后举臂向上点剑，左手剑指垂臂斜沉，拇指一侧向内，目视左侧。（图 53）

48. 龙进海宫

左脚向左跨一步，两脚踬地，身体左转 90 度，抬右脚向前上一步，左腿全蹲，右腿仆地蹬直，两腿成坐步，同时右手持剑随身连续挽花，然后向前下方劈剑，再抖腕立剑，剑锋斜向上，左手向后，展臂撩出，剑指向上，目视右手。（图 54）

图 53

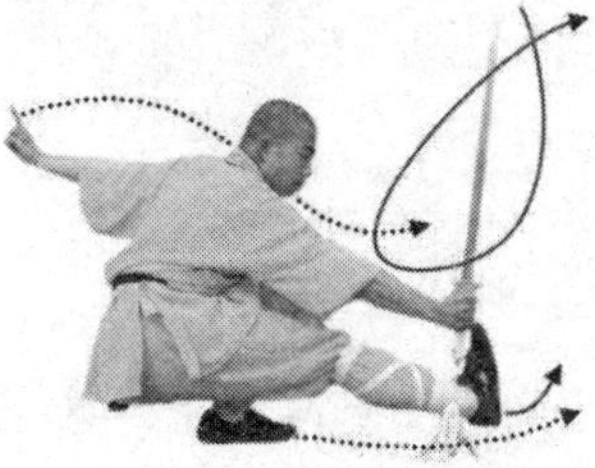

图 54

49. 飞镖直入

起身，两脚向前跳一步，左脚落于右脚前，成左弓步，同时右手持剑挽逆花，然后顺势前击，剑锋向前，左臂屈肘，左手剑指护于右臂内侧，拇指一侧向内，目视剑锋。（图 55）

50. 野马上槽

右脚向前上一步，右手向左穿剑，再挽逆花，然后抬左脚向前弹蹬，同时右手向前击剑，左手剑指护于右手腕部，拇指一侧向内，目视剑锋。（图 56）

图 55

图 56

51. 跳步魁星

右脚向前跳一步，左脚上前落于右脚前，再上右脚，左腿下蹲，成右虚步，同时右手持剑挽顺花，再挽逆花，然后仰腕前刺，剑锋向前上方，目视剑锋。（图 57）

52. 倒转旋风

右脚踏实，左脚向前上一步，两脚踝地，身体右转 270 度，两腿全蹲成歇步，同时右手向右穿剑，抡花，然后旋腕沉锋向左（随体右转）穿一周，盘坐推剑，剑锋直向上，左手剑指护于右臂内侧，拇指一侧向内，目视右侧。（图 58）

图 57

图 58

53. 火龙腾空

起身，左脚向左跨一步，右手持剑左右挽花，身体左转 90 度，抬两脚向前向上纵跳一大步，当全身腾空时，剑在头上云旋，左手剑指向左，展臂撩出，目视左侧后方。（图 59）

54. 白鹤亮翅

两脚落地，右手持剑向右侧前劈，身体左转 180 度，剑随身前点，然后两脚踴地，身体右转 90 度，同时两臂侧展，剑锋向上，左手剑指向左，目视右侧。（图 60）

图 59

图 60

55. 白猿攀枝

右脚右移一步，两脚踴地，身体右转 90 度，左腿提膝，同时右手持剑沉锋挽逆花，然后向前上方猛刺，再仰腕倒锋，左手剑指向前斜上撩出，拇指一侧向内，目视左下方。（图 61）

56. 剑通鸿门

以右脚为轴，身体右转 90 度，左脚下落于右脚前一步，成左弓步，同时右手持剑下劈，再向左穿剑挽逆花，然后向前直击，剑锋向前，左手剑指护于右臂内侧，拇指一侧向内，目视剑锋。（图 62）

图 61

图 62

57. 燕子取水

右脚向前踮跳一步，左腿向后屈翘，同时右手持剑挽顺花，然后向前下方刺，左手剑指向后，上体前探，目视剑锋。（图 63）

58. 龙闭宫门

左脚向前落一步，成左弓步，同时右手持剑上挑，绕头云剑，左臂屈肘，左手剑指护于胸前，拇指一侧向内，目视前方（图 64）；上动不停，两脚踝地，身体左转 90 度，两腿屈膝全蹲成歇步，同时右手持剑向前倒锋前劈，再向右穿剑，然后回锋向左，目视左侧（图 65）。

图 63

图 64

59. 鹞子钻林

起身，左脚向左移一步，身体左转 90 度，右脚向前跳一步，抬左腿向后屈翘，同时右手持剑挽逆花，随身体右转向右前方击剑，左手剑指由内向外画弧，上架于头上左侧，上体向右倾斜，目视剑锋。（图 66）

图 65

图 66

60. 苏秦褁剑

左脚向前落一步，两脚踾地，身体左转 180 度，两腿成左弓步，同时右手持剑随身体左转，向左穿剑，然后挽逆花，再旋腕裹剑，左臂屈肘，左手剑指护于右手腕内侧，拇指一侧向内，目视剑锋。（图 67）

61. 金鸡独立

左脚不动，右腿向前提膝，同时右手持剑挽双花，然后收柄刺剑，剑锋斜向右，左手剑指架于头上左侧，目视剑锋。（图 68）

图 67

图 68

62. 云顶接剑

右脚向前落一步，以右脚为轴，抬左脚随身体右转，右手持剑绕头云旋一周，然后左手附于剑柄，欲握接剑（图 69，图 70）；上动不停，收右脚，左脚成虚步，同时左手握剑，右手脱把，左臂下垂，剑背臂后，右手变剑指由上向下再返上画弧，架于头上右侧，两腿半蹲，目视左侧（图 71）。

收 势

左脚踏实，左臂由下向上返下，右臂由上向下画弧，然后同时垂臂，附于大腿两侧，身体挺直，目视前方。（图 72）

图 69

图 70

图 71

图 72